Lichterketten, Budenzauber,
süße Düfte, frischer Schnee,
voller Hoffnung auf Geschenke,
Kinderbilder, die ich seh'.

Dezember und die Vorfreude auf Weihnacht.
Aber es gibt auch noch ein paar andere Aspekte.
Warum nicht Leben mit dem Ziel,
das Dasein besser zu machen?

Viel Freude beim Lesen ...

Impressum

Zwei-Ecken-Verlag

Mail: zwei-ecken-verlag@posteo.de

Covergestaltung:

by Atelier Karoline Winter

Colorsandharmony.de

Text und Illustrationen im Buch

Eckart Warnecke

Facebook: eckart warnecke

Facebook: buddha-stones.de

Instagram: #buddha-stones

Instagram: eckart warnecke

Lektorat und Unterstützung: Marion Scholz

2. Auflage Dezember 2023

Herstellung und Verlag: BoD – Books on Demand, Norderstedt
ISBN: 9783758312281

Übersicht

Gleich-
mut

1 Sprache ist Freiheit

Sprache ist Freiheit, an ihr rumzudrehen,
bleibt faktisch erfolglos, ihr werdet's schon sehen.
Das, was sie planen, diese ‚neuen' Gestalten,
sollten sie lieber für sich nur behalten.

Sprache und Wortwahl sind beide dynamisch,
nur wenige werden deswegen ganz panisch.
Sprache ist etwas, was zusammen uns hält,
ist langsam gewachsen auf unserer Welt.

Die Weisheit der Unis, man will's kaum noch hören,
das mag Aktivisten auch manches Mal stören.
So sind die Gedichte, die ich bisher schrieb,
ein kleiner durchdachter Seitenhieb.

Vom Dunkel
zum Licht

2 Wandern unter dunklen Tannen

Wandern unter dunklen Tannen,
die Leere im Kopf, sie nimmt umgehend zu,
die Sorgen entfliehen ganz einfach von dannen,
die Tiefe des Waldes, sie führt dich zur Ruh.

Die sanften Nebel durchschweben die Lichtung,
hüllen dich ein in verständiges Schweigen.
Nimm dies als Hinweis, als helfende Richtung,
erfüllende Allmacht, sie mach‘ dir zu Eigen!

Erkenn‘ dich als ewiglich-lebende Seele,
die ihre Erfahrung als Mensch gerade macht,
auf Gott sich besinnen, ich dies dir empfehle,
Vollkommenheit finden, Zufriedenheit lacht.

Auf-
richtig-
keit

3 Achtsam, friedlich, selbstbewusst

Achtsam durch die Stadt zu wandern,
die Gemeinschaft zu erleben,
sich zu treffen mit den andern,
das Bewusstsein anzuheben.

Friedlich die Erkenntnis teilen,
selbst wo viele sie nur ahnen,
wär's jetzt Zeit sich zu beeilen,
um das Neue anzumahnen.

Selbstbewusst zu Wort sich melden,
da, wo viele sich verkriechen,
handeln wie die neuen ‚Helden',
statt nur noch dahin zu siechen.

Leichtigkeit

4 Kindheit und der Winter

Sehnsucht auf die ersten Flocken,
Tannen voller zartem Schnee,
Nächte, die nach draußen locken,
sind die Bilder, die ich seh'.
Freudig in den Garten springen,
mit den Kindern Schlitten fahren,
frohe Weihnacht zu besingen,
was für Zeit vor vielen Jahren.
Spür'n den weißen Untergrund,
einen Schneemann schön gestalten,
Seele, das macht dich gesund,
Bild der Kindheit, festgehalten.
Lichter, die das Herz verzücken,
süß' Gerüche, weihnachtlich,
Niklaus sollt' uns nachts beglücken,
Erinnerung, die stark verblich.
Einfach, wie einst, sein und werden
und sich über'n Winter freuen,
diese Haltung braucht die Erden,
frei im Kopfe, nichts bereuen.
Lebensfreude, Daseinsglück,
Kindheit, dich möcht' ich zurück.

ERLEUCHTUNG

5 Meditation

Mit Meditation seine Tage beginnen,
sich auf die Liebe, die heilt, zu besinnen,
in die Stille hinein zu lauschen,
um sich am Leer-Sein zu berauschen,
ruhevoll den Geist erspüren,
achtsam sein Gemüt berühren,
da sein ohne Haben-Wollen,
gütig sein, statt and'ren grollen,
langsam atmend sitzen können,
ohne Ziele zu benennen,
tief bewusst sich hinzugeben,
dem, was and're kaum erleben,
unbewegt, ganz ruhig verweilen,
Frieden spüren, kein Beeilen,
zeitlos hockend, kein Verfehlen,
seine Wachheit zu beseelen,
langsam atmend, tiefes Spüren,
um Bewusstheit herzuführen,
vor sich schläfrig hinzudösen,
hilft der Seele sich zu lösen,
irgendwann wächst dann die Klarheit,
wirst erkennen tiefe Wahrheit.

OM

6 Der Pfad der Selbsterkenntnis

Es fällt mir arg schwer, mich selbst zu begreifen,
will mich auch nicht auf was Falsches versteifen.
Deshalb die Suche seit etlichen Jahren,
was lenkt mich, was früher mir ist widerfahren?
Landläufig heißt es, „Erkenne dich selbst!"
Was ist, wenn du nie eine Antwort erhältst?
Ein Rückblick auf Teile des jüngeren Lebens,
kann sicherlich helfen und ist nicht vergebens.
So sind die OP's damals nötig gewesen.
Und klar, man war davon recht bald genesen.
Wohl dennoch ein Trauma blieb still in mir kleben,
um zu belasten mein weiteres Leben.
Selbst eine Geburt kann Richtung dir geben,
hat starken Einfluss aufs weitere Leben.
Was hat wohl Erziehung mit mir angestellt?
Die Eltern, sie war'n keine Menschen von Welt.

Die Schule hat mich dann sehr vieles gelehrt,
hab dennoch gezweifelt, oft lag ich verkehrt.
Drum alles zusammen und noch mehr genommen,
so ist es bis heute wohl mit mir gekommen.

7 Fragen an mein Herz

„Mein liebes Herz, ich hab viele Fragen,
vielleicht könntest du mir vertraulich was sagen?“

„Als Herz möcht‘ ich wärmen, strahlen, leben,
der Seele göttlichen Ausdruck zu geben.
Will Liebe euch bringen hinein in die Welt,
doch etwas mich eisern umklammert hält.
Der Körper, der ist ein komplexes System,
das ist für so viele von euch das Problem.
Beschreite den Weg, der Freude dir bringt,
der mit den Chören des Himmels erklingt.
Du solltest dir anfangs oft selber verzeihen,
ein sinnvoller Schritt, um dich zu befreien.
Beweis‘ es dir selbst und geh‘ mutig voran,
so wirst du allmählich ein richtiger Mann!
Denn karmischer Rückblick auf frühere Leben,
du hast schon so manche Chancen vergeben.
Nun nutze die Zeit endlich aufzuwachen
und all‘ die Dinge richtig zu machen.

Dinge, die ach so tief drin in dir liegen,
so kannst du als erstes den Stolz flink besiegen.
Hochmut, der kommt meistens kurz vor dem Fall,
nimm dieses zur Kenntnis, sei selbst der Kristall.
Weisheit, sie steht deutlich höher als Wissen,
das wird auch die Menschheit jetzt einsehen müssen.
Sei eher bescheiden und lass dich nicht binden,
so wirst du alsbald neue Eingebungen finden.
Was Jesus, Konfuzius und Mohammed taten,
das könnte man auch von den andren erwarten.
Benutze die Weisheit, die Freiheit der Worte,
berühr' sie die Seele, benutz sie, die Pforte.
Es ward dir die Fähigkeit einst mitgegeben,
die Menschen zu führen zu tiefem Erleben."

„Mein liebes Herz, ich will dir jetzt sagen,
ich war oft getrieben vom Geist vieler Fragen.
Die Antworten haben gefüllt meine Lücken,
jetzt will ich erst recht viele Menschen entzücken."

8 Wahre Geschenke

Besuche erfolgen im heftigen Drang,
Geschenke zu bringen, gedacht meist als Dank.
Jedoch trennt sich die Spreu vom Weizen,
soll man investieren oder sollte man geizen.
Wahrhaftiges Schenken nicht einfach ist,
das Ziel von Geschenken man häufig vergisst.
Die Wahl der Geschenke mag schwierig verlaufen,
oft möchte man einfach nur irgendwas kaufen.
Wahre Geschenke können Herzen berühren,
die Beschenkten sogar geistig weiterführen.
Wahre Geschenke sind nicht einfach nur Gaben
sollten Charakterstärkungen haben.
Wahre Geschenke sind solcherlei Gaben,
die auch mal Nachdenkliches in sich haben.
Verzichte darauf und steh‘ über den Dingen,
Banalitäten einfach nur mitzubringen.

Wahre Geschenke, sie mögen anregen,
die Herzen zu öffnen, mehr Nähe zu pflegen.
Sie helfen den Menschen sich recht zu besinnen,
Vollkommenheit suchen, Verständnis gewinnen.
Abkehr von Gier und von Macht-haben-wollen,
mehr Herzblut im Leben und weniger grollen.
Wahre Geschenke, wie kann man sie finden?
Gedanklich sich mit der Geistwelt verbinden.
Durch wahre Geschenke das Frei-Sein verstärken,
ohne dies willentlich auch nur zu merken.
Wahre Geschenke sind himmlische Gaben,
ihr einziges Ziel ist's, die Seele zu laben.

VOR FREUDE

9 Weihnachtsbotschaft

Frei im Kopf und frohgelaunt, losgestapft
durch frischen Schnee.
So sind Bilder, die ich habe,
manchmal tut Erinnern weh.
Da-Sein heißt Veränderung,
dieses gilt es anzunehmen,
nur wenn manchmal fehlt der Schwung,
ist es schwer, sich zu bequemen.
Friedenssehnsucht, Kirchgeläut,
Sinn der Weihnacht fast verloren,
Zeit zur Einsicht, wahrlich nötig,
jedes Jahr erneut beschworen.
Christusbotschaft, welche Freude,
Rückbesinnung wär' geboten.
Liebe schenken ohne Arglist, dieses gilt es auszuloten.
Gottgesandte auf der Erde,
frohe Botschaft sie verkünden,
„Werdet wieder wie die Kinder!
Frieden lässt sich so begründen."

10 Nur noch drei Wochen ...

Nur noch drei Wochen dann ist es so weit,
wir werden verlassen die düstere Zeit.
Ich hatt‘ zwar zuletzt gar so einige Hänger,
doch jetzt wird der Tag zum Glück wieder länger.
November-Schwermut war hart zu ertragen,
doch jetzt künden Lichter von helleren Tagen.
Vorfreude auf Schnee, auf lichtweißes Fest,
die Menschen vereint, sie vermehrt freuen lässt.
Wenn im Dezember der Winter beginnt,
gehofft wird auf Schneefall von Eltern und Kind.
Nur noch drei Wochen, die Spannung, sie steigt,
der Blick aus dem Fenster uns Kälte anzeigt.
Beleuchtete Tannen die Seelen entzücken,
verzauberte Stimmung, sie lässt uns entrücken.
Entrücken von all‘ dem, was uns oft belastet,
wohl dem, der sich sorglos an Weihnacht ran tastet.

Dezember, er mahnt uns das Alte zu lassen,
sich mit der kommenden Zeit zu befassen.
Zum Ende des Monats, man wartet schon drauf:
Die Sonne, sie ändert bereits ihren Lauf.
Am Winter verzagen, das bringt uns nicht weiter,
drum nutze die Zeit, befreit, und bleib heiter.

Lern-
freude

11 Bildung, Bildung, Bildung

Bildung, Bildung, Bildung, so heißt es seit Jahren.
Bisher sind wir damit erfolgreich gefahren.
Doch jetzt, wie bedrohlich, landauf und landab,
die anpackenden Menschen, sie werden uns knapp.
Man fragt immer mehr, wie soll das bloß gehen,
wenn wenige arbeiten und viele zusehen?
Gemeinschaften leben von Schaffenskraft,
vom Fleiß und vom Willen, dass man etwas schafft.

So gilt's neu zu lernen, kein Weg führt umhin,
das Arbeiten schätzen, das macht wirklich Sinn.

ACHT-
SAMKEIT

12 Sorgenfrei

Sorgenfrei ans Wasser gehen
Einfach in die Weite sehen
Blick auf tiefe Sonnenstrahlen
Ganz weit weg die Alltagsqualen
Frohgelaunt den Strand durchwandern
Losgelöst von all‘ dem andern
Böen, hier und da, die kühlen
Mit den Füßen Muscheln fühlen
Möwen putzen ihr Gefieder
Lange Zeit und immer wieder
Wellen rollen sanft heran
Niemand weiß, wo dies begann
Still im Kopf, kein unnütz‘ Denken
Friedenseinsicht sich zu schenken
Tief zu spüren in sich drin
Das ist wirklich Lebenssinn

Sternen
ErWachen

13 Wenn der Morgen heller wirkt

Der Morgen, er wirkt heute irgendwie heller,
es hat über Nacht wohl ganz heimlich geschneit.
Das Herz schlägt vor Freude schon sehnsuchtsvoll
schneller,
der ‚Heilige Abend' ist jetzt nicht mehr weit.
Sie wird langsam deutlich, die schneeweiße Pracht,
hab' lange nicht mehr so was Schönes geseh'n.
Was da passiert ist sanft über die Nacht!
Wie reizvoll, ganz schnell mal nach draußen zu geh'n.
Die Spur meiner Schuhe bleibt sichtbar zurück,
die Stimmung, sie lässt sich nur schwerlich
beschreiben.
Auf Schnee weich zu treten erinnert an Glück,
ach, möge es ewiglich einfach so bleiben.

14 Die Ehe – ein Auslaufmodell?

Verkommt die Ehe zum Auslaufmodell?
Man trifft sich, verliebt sich und heiratet schnell.
Doch nach der Hochzeit folgen auch Pflichten,
vom Fall einer Freundin will ich jetzt berichten.
Oft hört' ich sie ärgerlich meckern und klagen,
an einem Freitag begann sie zu sagen:

„Mein lieber Mann, statt dass wir uns küssen,
ich denk', unsere Wege sich trennen müssen.
Verbunden fürs Leben, das wollten wir sein,
demnächst sind wir dennoch wohl wieder allein.
Geschworen wurde die Treue auf Erden,
nie gedacht, es könnte auch anders mal werden.
Statt all der Vielzahl an Dating-Portalen,
bräuchte man Hilfe bei Partnerschafts-Qualen.
Meist fällt es recht leicht, neue Partner zu finden,
jedoch ziemlich schwer, sich länger zu binden.
So wird die Ehe zum Auslaufmodell,
die Wunden bleiben, sie heilen nicht schnell."

Um nun nicht nur eine Seite zu sehen,
begann ich den Mann dieser Frau zu verstehen.
Auch wenn er wohl einiges falsch gemacht hatte,
gehängt war sehr hoch die zu meisternde Latte.
So lass ich jetzt hier auch den Ehemann sprechen,
um seine Rolle nicht zu sehr zu schwächen:

„Ach liebe Frau, ich könnt' auch viel klagen,
statt dies hier zu tun, möchte ich dir nur sagen,
will alles versuchen, es ist mein Bestreben,
uns eine weitere Chance zu geben.
Man hätt' ruhige Lösungen finden sollen,
anstatt oft wütend dem andren zu grollen.
Auch du hast so manches Mal schwierige Seiten,
Sie zu verstehen, das soll mich nun leiten."

So wird die Ehe zum Liebesmodell,
verstehen und drücken, das geht doch recht schnell.
Genauso verläuft sie, die Evolution,
sich niemals vergreifen im hässlichen Ton.

Vom
Himmel Kommt
GUTES

15 Über das Schenken

Das Schenken hat so seine Tücken,
man möchte andere beglücken.
Zu Weihnacht wird's besonders schwer,
wo krieg ich bloß gute Geschenke her?
Was schenke ich, was kaufe ich ein?
Was Besonderes, ja, das sollt's schon sein.
Doch könnt' man's nicht auch anders machen,
statt einzukaufen teure Sachen?
Den Sinn des Lebens neu bedenken,
symbolbezogen etwas schenken,
nach etwas suchen, was verbindet,
man gleichzeitig Freiheit und Tiefe findet.
Die Mitte gesucht, stilles Verweilen,
man muss sich gar nicht unnütz eilen.
Bevor zu großer Stress mich plagt,
drauf lauschen, was mein Herz mir sagt.
So wird ab jetzt nur noch das verschenkt
wohin das Göttliche mich lenkt.

16 Seelenverbundenheit

Zwei verletzte Seelen,
sie wollen zurück zu Gott.
Wollten dies keinem verhehlen,
mussten durchleiden manch' Spott.

Vom Schicksal zusammengeführt,
ohne dies nur zu erahnen.
Hatten zwar manches verspürt,
begannen sich zu verzahnen.

Verbunden zu sein, ihr innigstes Ziel,
jedoch oft nur schwer zu erreichen,
Rücksichtnahme, ein schwieriges Spiel,
vieles kam zwischen die Speichen.

Wieso nur sind sie seit langem zusammen,
hätt's doch auch andere Seelen gegeben,
konnten sich spät füreinander entflammen,
um sich gemeinsam ins Licht zu erheben.

Frieden
Für alle
Menschen

17 Leid überwinden

Ein krankes System, es zeigt sich vermehrt,
wir Menschen in Deutschland, wir leben verkehrt.
Längst hat das Leiden stark zugenommen,
der Geist der Freiheit zur Fassade verkommen,
sind Angst und Zwietracht im Land ausgesät,
Widerstand kommt so inzwischen recht spät.
Wenn Menschen genau das gezielt produzieren,
was Machthaber ihnen aufoktroyieren,
die Völker sie hierdurch in Abhängigkeit treiben,
nur um selbst weiter am Herrschen zu bleiben.
Ihr Treiben dient nur noch dem eigenen Nutz,
die breite Masse, sie vermisst wahren Schutz.
Es hilft nichts, wir dürfen nicht weiter so dösen,
müssen was tun, selbst die Fesseln auflösen.
Schon friedliches Sitzen, wie Gandhi dies tat,
würde erzeugen manch' bessere Saat.
Später dann, glaubt mir, man wird es erleben,
wird unser Bewusstsein sich langsam anheben.

Der HIMMEL über UNS

18 Himmlische Ruhe ist eingekehrt

Himmlische Ruhe ist eingekehrt,
das hat mich das Weihnachten heimlich gelehrt,
kein Grübeln, kein Seufzen und keinerlei Denken
in Stille zu sitzen, ich mag das Versenken.
Versenkt nur zu sitzen in göttlicher Stille
dies hier zu erleben, das ist jetzt mein Wille.
Der Seele sämtliche Freiheit zu lassen,
am Festtag sich nur noch mit Schönem befassen.
So wie manch‘ and‘re durch Alltage hetzen,
erfüllt mich inzwischen mit großem Entsetzen.
Beschaulichkeit wird zwar oft plakatiert,
in Wahrheit jedoch meist was and’res passiert.
Hab hier jetzt meine Bestimmung gefunden,
gesegnet seien solch‘ heilige Stunden.

Verbunden-
heit

19 Im Vollmond meditieren

Bei Vollmond im Freien zu meditieren
So dass die Gedanken dem Kopf frei entweichen
Könnte auch andere interessieren
Um karmische Schulden alsbald zu begleichen
Den Vollmond zu schauen
Ist selten ein Grauen
Er zeigt uns in stiller Vollkommenheit
Erleuchtung erlangen ist oft gar nicht weit
Tagtäglicher Wandel im anderen Kleid
Sich innerlich wandeln, das macht uns gescheit

Weiterleben
im
HERZ

20 In Zeiten tiefer Dunkelheit

In Zeiten tiefer Dunkelheit,
du denkst, es geht nicht weiter,
veränd're dein Denken, sei aufnahmebereit,
schalt um, du kannst es, sei heiter!
Die Kraft deiner Sehnsucht und ihrer Gedanken
sie hat so ungeahnt kraftvoll viel Macht,
bringt mancherlei Altes erstaunlich ins Schwanken,
ein Tor, der heut' noch darüber lacht.
Die Ziele, sie sollten gar wünschenswert sein,
nur heißt es, jetzt fest dran zu glauben.
Durch fleißiges Streben kannst du dich befrei'n,
du wirst sie erreichen, die ‚Trauben'.

Leben im JETZT

21 Unbeschwert

Unbeschwert durch's Leben gehen,
ganz bei sich und in sich sein.
Sich im Einssein zu verstehen
hilft sich wandeln, allgemein.

Selbstbefreit die Wahrheit suchen,
Gier und Wut längst überwunden,
Seelenfreude still verbuchen,
durch Verzicht mehr Glück empfunden.

Sich dem Sinn des Lebens stellen,
Müßiggang den and'ren lassen,
hell erleuchten deine Zellen
Freude wird dir hinterlassen.

22 Du bist, wer du bist

Aus der Seele mögen sie stammen,
verbindend und freilassend in Dichotomie.
Wahre Geschenke dich mögen entflammen,
Erkenntnishilfe betreiben nur sie.
Wahre Geschenke, was in dir ist, zeigend,
empor zu fördern, was verborgen noch liegt.
Persönliche Botschaft für immer wohl bleibend,
den Willen gespiegelt, der lang war versiegt.

Den Geist weit geöffnet, das ‚Jetzt' als Geschenk,
erinnern an das, was ewig sanft ruhte.
Entdeckendes Ich als geistig' Getränk.
Bestimmung im Kopfe, geschwind ich mich spute.
Geschenke zu ‚lesen', das holt mich zurück,
den Sinn zu verstehen, die Wahrheit entdecken,
wahre Geschenke, der Weg hin zu Glück,
hilfreiche Zukunft, dies mag mich erwecken.
Sich beim Erschaffen selbst zuzusehen,
gleichzeitig erschaffen was ewig besteht,
geistige Freiheit – ins ‚Jetzt' tiefer gehen,
zufrieden damit, wenn der Schleier verweht.
Wahre Geschenke sind Seelengewinne,
führen zu dem, was tief in dir ist,
Wahrheit und Weisheit, ich halte nun inne,
göttlich erkennend: Du bist, wer Du bist.

SEHNSUCHT NACH MEHR

23 Unbeschwert

Was bleibt, wenn ich irgendwann nicht mehr bin?
Den Körper verlassend, wo entschwinde ich hin?
Was kommt als Nächstes auf endloser Reise?
Genießend das Freisein, ganz still und ganz leise?

Loslassend all' dessen was früher hieß Glück,
in anderen Sphären, kein Blick mehr zurück.
Prinzipien erkennend im ‚kosmischen Rad',
Gedanke zu Worten, erst dann folgt die Tat.

So mancher Gebieter macht Menschen gefügig,
doch selbst von den Herrschern bleibt
schließlich nichts übrig.
Bewusstheit macht frei, fast ist es Magie,
wir sind letzten Endes nur Lichtenergie.

Zum Autor:

Dieser Band, Momente im Dezember, bildet den dritten Teil meiner Gedichte-Reihe. Jedes Gedicht bezieht sich auf die einzelnen Monate des Jahres, auf deren Themen und deren ‚Energien'. Entstanden sind diese Verse allerdings in einer recht tragischen und schwierigen Zeit. Der Russland / Ukraine-Krieg entwickelt neue Dimensionen von Grausamkeiten. Man sieht die Bilder, hört die Kommentare, ist entsetzt und nimmt Hunderttausende von Kriegsflüchtlingen auf.

Gleichzeitig kommt es in Deutschland und weiten Teilen von Europa zu extremen Teuerungen bei gleichzeitig sich abzeichnender Energie- und Rohstoffknappheit. Viele Menschen sind verzweifelt, weil sie kaum noch wissen, wie sie finanziell über die Runden kommen.

Die arbeitende Bevölkerung ist erschöpft, viele Berufstätige ‚retten' sich in die Erwerbsunfähigkeits-Rente, der Arbeitskräftemangel spitzt sich ähnlich dramatisch zu wie die Verschuldung des Staates.

Einige Verse entstanden auch unter dem Eindruck des Buches, Gespräche mit Gott'. Darin geht es im Kern darum, das Bewusstsein anzuheben, die Nebelschwaden aus

unserem Geist zu vertreiben, genau hinzuschauen, was uns nützt und glücklich macht, statt nur über die negativen Seiten unseres Daseins zu diskutieren. Ziel wäre es, eine hochentwickelte Gesellschaft anzustreben; und zwar im Wissen und im Verständnis, dass alles mit allem zusammen hängt, dass jeder mit jedem untrennbar verbunden ist, dass wir die Natur als unseren Freund betrachten, sie schützen, Mitgefühl entwickeln und vieles mehr.
Es ist wichtig, hierzu immer wieder Lichtpunkte, frohe Botschaften und Aufmunterung zu vermitteln. Genau dies soll der neue Gedichtband erreichen. Gemeinsam mit den Buddha-Stones, mit den Tipps der Lektorin Marion Scholz, meinem langjährigen Mentor Hans-Joachim Lepel und der Covergestaltung durch die Künstlerin Karoline Winter wird es hoffentlich viele Menschen beglücken – auch später, wenn sich die bedrohlichen Zeiten wieder in eine wünschenswerte Zukunftsvision verwandelt haben werden.

Eckart Warnecke (im Dezember 2022)

„Strebe danach, alle Menschen, deren Leben du berührst, sich würdig fühlen zu lassen. Vermittle einem jeden das Gefühl, dass er als Person wertvoll ist, vermittle ihm ein Gefühl für das echte Wunder dessen, wer er ist. Gib dieses Geschenk, und du wirst die Welt heilen.“
(aus „Gespräche mit Gott)

Weitere Veröffentlichungen des Autors:

Corona Tagebuch (Bd. 1)

Ein persönliches Tagebuch, das mehr und mehr zu einer Entdeckungsreise wird, zu Informationen, die es nie in die Hauptmedien geschafft haben, jedoch eine ganz andere Wahrheit aufzeigen, als sie uns bisher präsentiert wurde.

Den Corona-Irrsinn chronologisch ab 2019 nachgezeichnet.

Das Buch öffnet die Augen auf wichtige Teile davon. Erkennen, was alles hinter den Plänen der Mächtigen steckt. Aufwachen, um die Wahrheit zu erkennen. Kaum zu glauben, dass die Machenschaften nicht schon längst aufgedeckt wurden.

ISBN: 9783756824199

Corona Tagebuch (Bd. 2)

Man hatte geglaubt, gehofft, das Ganze wäre zu Ende, aber es ging weiter. Wurden wir hinters Licht geführt? Gab es eine „Pandemie der Ungeimpften"? Ein Buch gegen das Vergessen. Schon kurz nach dem Erscheinen des Buches wurde es zu einem Zeitdokument - ein Dokument, dessen ideeller Wert erst in später Jahren so richtig zu Bewusstsein kommen wird.

ISBN: 9783734709579

Weitere Veröffentlichungen des Autors:

ISBN: 9783754338315

Momente im Oktober

Sich selbst Raum nehmen. In Ruhe entspannen und den Moment genießen. Entstanden ist der Band innerhalb einzelner Momente eines Oktobers.
„Lassen Sie sich entführen, in eine Zeit die nur für Sie gedacht ist.“
Finden Sie warmherzige Texte und Hilfestellungen für Ihren Alltag.

Momente im März

Das Dunkle endet, das Lichtvolle setzt ein.
Freude, Wärme und Entwicklung für die Psyche, aber auch ein wenig Kritisches für unser Bewusstsein –
„Nahrung“ also für Geist und Seele.
„Die Natur, sie beginnt langsam aufzublöhen, hilft, neue Lebenskraft zu versrpühen.“

Dieses Buch können Sie bestellen unter der E-Mail-Adresse des Verlags: zwei-ecken-verlag@posteo.de

Momente im November

60 Seiten, die die November-Energie aufgreifen: Zur Ruhe kommen, aber nicht verzweifeln, das Düstere annehmen, aber es nicht dabei belassen, es nehmen als Grundlage und Voraussetzung für einen positiven Aufbruch. Poetische Gedanken zum Wandern in der Natur, um Engel, um schwermütige Stimmungen und die Hoffnung auf hellere Tage, darum was politisch unrund läuft und um Sehnsucht auf das Licht, welches bald auftauchen wird. **ISBN: 9783757882846**

Der Malerweg

Auch als E-Book erhältlich!

Unterwegs zum inneren Frieden

ISBN: 978-3-7543-7898-4

Der Malerweg Acht Wander-Etappen auf den schönsten Pfaden durch die Sächsische Schweiz im Süden Dresdens; und das auf den Spuren berühmter Maler. Perfekt geeignet um Stress abzubauen und den Kopf wieder frei zu bekommen. Motto, Von der Getriebenheit des Alltags hin zu Ausgeglichenheit und innerlichem Frieden.

Das Herzog-Ernst-Gymnasium 1969

Geschichte einer Schule im Umbruch
Rebellieren oder anpassen? Schulalltag in unruhiger Zeit

Initia Medien und Verlag

Die Geschichte einer Schule im Umbruch – Rebellieren oder anpassen? Schulalltag in unruhiger Zeit

Uelzener ‚Lausbubengeschichten' aus dem damaligen Jungengymnasium. Die Zeit der ‚68er' wird wiedererweckt. Das Ganze angereichert durch einige historische Begebenheiten aus der Zeit, als die Schule vor gut 50 Jahren in das heutige Gebäude umzog.

Wo gibt es das noch heute, dass ein Lehrer aus dem Fenster fällt und kurz darauf wieder auftaucht? Oder dass eine kleine selbstgebastelte ‚Bombe' im Musikraum hochgeht? Und wer ahnt heute, dass das HEG erst durch ein Missverständnis zu einem ‚Gymnasium' wurde?

Alles dazu finden Sie in dem aktuellen Buch.

ISBN: 978-3-947379-21-7

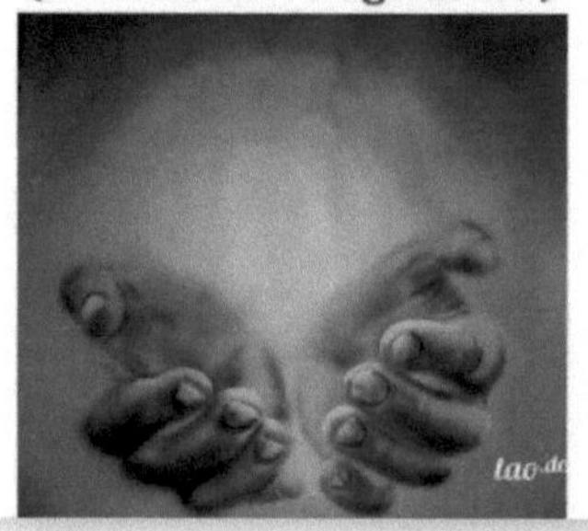

ISBN: 978-3-96051-274-5

Neuauflage „Reiki – Der zweite Grad"

Bei diesem Buch handelt es sich um eine Weiterentwicklung des Bestsellers ‚Reiki-Der zweite Grad'. 20 Jahre nach dem ersten Erscheinen hat Eckart Warnecke hier in dieser Neuerscheinung nicht nur die Ursprungsausgabe komplett überarbeitet und aktualisiert, sondern durch mehrere neue Kapitel erweitert.
Hinzu kommen aus aktuellen Anlässen Kapitel zu Themen wie ‚Reiki mit Kindern', ‚Burn-out behandeln und verhindern' oder auch ‚Die Angst vor Vergänglichkeit und Tod überwinden'.